노년의 내 삶에 시는
가장 소중한 보물입니다.
함께 해주신 분들께
감사드립니다. 한정민 드림

오늘의문학시인선 373

한정민 병상일기

한정민 시집

오늘의문학사

국립중앙도서관 출판시도서목록(CIP)

한정민 병상일기 : 한정민 시집 / 지은이: 한정민. -- 대전
: 오늘의문학사, 2016
p. ; cm. -- (오늘의문학시인선 ; 373)

ISBN 978-89-5669-754-3 03810 : ₩9000

한국 현대시[韓國現代詩]

811.7-KDC6
895.715-DDC23 CIP2016013074

한정민 병상일기

■ 서문

「한정민 병상일기」를 내면서

저는 방광암을 초기에 시술 받은 환자입니다. 2013년 5월 10일 소변에서 혈액이 섞여 나와 대전보훈병원에서 방광암 판정을 받은 뒤 대전을지대학교병원으로 이송되어 박진성 비뇨기과 교수님의 집도로 시술을 받았습니다.

초기 시술받은 환자는 생존율이 높다고 하지만, 표재성 암은 재발율이 50%가 넘는다고 하니 마음이 무겁습니다. 2016년 2월까지 BCG 접종 8번, 방광내시경 6번, CT촬영 2번 등의 다양한 검사를 하며 열심히 치료를 받아서인지 다행스럽게 아직 재발은 없습니다.

먼저 간 아내도 폐암으로 충남대학교병원, 일산국립암센터, 대전을지대학교병원을 전전하며 3년 동안 암과 싸웠습니다만 결국 병마를 이기지는 못했습니다. 저는 처절하게 투병하는 아내를 간병하면서 간병일기 형식의 시집 『먼 훗날』을 발간하였습니다. 그 후 대전문예대학에서 본격적으로 시 공부를 하여 문학사랑 신인상으로 문단에 등단하였습니다.

불행은 쌍으로 온다고 그 후 저마저도 암으로 고통을 겪으면서 투병생활의 아픔과 절망을 시로 빚고, 먼저 간 아내의 남은 이야기와 함께 『한정민 병상일기』를 세상에 내놓습니다. 조그마한 바람이라면 이 시집이 각종 암으로 투병중인 수많은 환우와 같은 가슴앓이를 앓고 있는 가족들에게 조금이라도 위로와 용기를 주었으면 좋겠습니다.

시집 『한정민 병상일기』를 발간할 수 있도록 도움을 주신 문학사랑 리헌석 회장님, 1년간 미국으로 연수를 가신 박진성 교수님과 추천서를 써 주신 대전을지대학교병원 황인택 원장님께도 깊이 감사 드립니다.

저자 한정민

■ 추천사

사람은 '삶의 기회'와 '죽음' 앞에서 모두 평등하다고 합니다. 하지만, 생명을 다루는 의료인으로서 환자를 대하는 마음의 무게는 늘 같아도, 가끔은 이상하게 '더 아픈 손가락'이 있습니다.

저에겐 큰 역경을 마주하거나, 그것을 딛고 일어선 환자가 특히 그렇습니다. 지난해 시인으로 등단하시고 이번에 시집을 출간하신 시인 한정민 님이 그 중 한 분입니다. 고난의 시간을 희망으로 견뎌주신 한정민 님에게 축하와 감사의 말씀을 드립니다.

한정민 님이 병원에서 아내의 투병을 지켜보며 인내로 보낸 시간들을 엮은 시집, 『먼 훗날』과 본인이 암투병 중 두려움과 고통, 또 한 번의 인고를 담은 이번 시집 『한정민 병상일기』는 저희 을지대학교병원에도 큰 의미가 있습니다.

암 투병 중 틈틈이 메모하셨을 이번 시집의 모든 작품들에는 병마와 싸우는 고된 과정이 세세하게 그려져 있습니다. 특히 암에 대한 두려움이 담당의와 신뢰를 쌓아가며 점차 희망으로 변해가는 이야기들이 한 장, 한 장 넘길 때마다 전해져 뿌듯하고 감사할 따름입니다.

『한정민 병상일기』를 가슴에 담으며, 영화 '포레스트 검프'의 명 대사 중 하나를 이 시집을 읽게 되실 많은 독자 분들에게 전하고 싶습니다. "인생은 초콜릿 상자와 같다. 네가 무엇을 집을지는 아무도 모른다."

인생을 '초콜릿 상자'에 비유한 이 대사처럼 인생에는 쓴맛과 단맛이 있는 법이고, 쓴맛을 겪고 나면 '달콤하고 즐거운 일'이 반드시 기다리고 있을 것이라 생각합니다.

지난 날의 한정민 님처럼 인생의 쓴맛을 보며 힘든 시간을 견디고 있는 모든 환우 분들의 초콜릿 상자에 앞으로는 '달콤한 맛'이 가득 담겨 있길 바랍니다.

대전을지대학교 병원장 황 인 택

차례

1부 암 투병(鬪病) 일기

2부 아내 간병(看病) 일기

‖ **해설** ‖

1

암 투병鬪病 일기

—암과의 사투, 때로 같이, 혹은 따로

피

어느 날 아침
소변에 피가 섞여 나왔습니다.

가벼운 마음으로
소변 검사를 받았습니다.

처방전을 써주는
의사선생님 얼굴에도
전혀 그늘이 없었습니다.

"항생제를 먹어도 피가 멈추지 않으면
CT 한 번 찍어보세요."

가벼운 권유를 귓등으로 들으며
진료실을 나오던

오월의 연초록이 눈부시던 날의
혈흔이

아내를 보내고서도
아직 나의 겨울이 끝나지 않았다는
매운 운명의 조짐이었습니다.

| 2013. 5. 10.

CT검사

항생제를 먹어도
소변에 콩알처럼
선지피가 쏟아져 나왔습니다.

모란꽃이 화사하게 피어나는데도
나의 여름은
조금도 빛나지 않았습니다.

아내가 흘리고 간
어둠의 넝쿨들이
사정없이 몸을 휘감는 절망을 보면서

CT 검사를
하고 돌아와

아무도 없는 집에 불도 켜지 않고
두견처럼 한참을 울었습니다.

| 2013. 8. 1.

세포 검사

소변검사
혈액검사
CT검사로도 원인을 찾지 못한 채

의사선생님은
방광암이 의심스럽다고
을지대학교병원으로
진료의뢰서를 써줍니다.

내가 가장 두려워하는
암 얘기가
드디어
의사선생님 입에서 튀어나왔습니다.

가장 부정하고픈
그 단어는
내 가슴을 온통 휘젓는 창날입니다.

아니라고 아니라고
주문처럼 중얼거리며
휘청거리며 진료실을 나섭니다

아내가 떠나간
눈 시린 하늘을 보며
곧 만날지 모른다는 전갈을 했습니다.

| 2013. 8. 13.

방광암

병원 문을 들어서면서
심호흡을 합니다.

어떤 판정이 내려지더라도
놀라지 말자

버리고 버려서
그냥 바람이 되자.

비뇨기과 전문
교수님 앞에 섭니다.

진료카드와 CT를 보시더니
방광암이 진행 중이라고 합니다.

아들 딸 얼굴이
빗물처럼 흐려지고

갑자기 세상이
까매집니다.
미친 어둠이 눈처럼 날립니다.

아무래도 나는
바람이 될 팔자는 아닌 모양입니다.

| 2013. 8. 20.

입원入院

가방 하나 달랑 들고
아내도 없이
입원하러 갑니다.

다시 올 수 있을지
가는 길 하나하나가 모두 새롭습니다.

병원 문을 들어서다
뒤돌아서서
내가 걸어온 길을 돌아봅니다.

뿌연 황사처럼
불투명한 기억 속에서
아쉬움들이 불쑥불쑥 튀어나옵니다.

비뇨기과 교수님은
CT와 의무 기록지를 살피더니
방광암 초기라며 수술을 권유합니다.

마음에 든 멍 위로
망치 하나 또 떨어집니다.

간호사가
혈압과 체온을 체크하고
채혈하는 동안

슬픔에 젖어
두 볼에 흘러내리는 눈물
감출 수가 없습니다.

하나님
겨울이 길더라도 이겨낼 수 있도록
용기와 희망을 주소서.

| 2013. 8. 26.

시술

보조침대에 누워
수술실로 옮깁니다.

다시
이 병실로 돌아올 수 있을까

흐릿한 불빛이
가슴을 적십니다.

의사선생님이
마취주사를 놓았습니다.
삶의 경계가 까마득히 흐려집니다.

내가 잠든 시간에도
내 운명의 시계추는 똑딱 똑딱
어디를 가고 있을까

의사선생님의 손길에 맡겨진
내 연약한 숨결이

다시 연초록으로
타오를 수 있을까

시술이 끝나고
멈추었던 내 시간이 다시 흐릅니다.

"아이고, 수고했어요."
반갑게 맞아주는 병실 사람들의
환한 웃음을 보니

아픔을 가진 사람들은
모두 가족입니다.

| 2013. 8. 27.

간호사

하얀 가운에
햇살 같은 미소

간호사는
병원을 밝히는
환한 등불입니다.

팔을 다친 사람
다리를 절룩이는 사람

암 수술을 받고
기쁨의 시간을 봉인한 사람들도

천사의 손길 한 번 스치면
모두가 파랗게 살아 오릅니다.

모두 잠든 깊은 밤중에도
그들의 사랑은 잠들 줄을 모릅니다.

마음속에 괴로움이
가득한 날에도
그들의 웃음은 걷힐 줄을 모릅니다.

병원에는
간호사가 있어
전깃불이 꺼져도 늘 화안합니다.

| 2013. 8. 28.

암 병동

암 병동은
일반 병동과 따로 삽니다.

거기 사는 사람들은
웃을 일이 적지요.

일반 병동 사람들은
삶의 끝을 모르지만

암 병동 사람들은 대부분
멈출 날을 압니다.

기약할 수 있는 일이
적다는 것은
쓸쓸한 일입니다.

내일을 위해
씨를 뿌릴 수 없다는 것은
더욱 쓸쓸한 일입니다.

마냥 울 수만 없기에
가끔은 미소 짓지만
웃음에서는 찬바람이 삽니다.

| 2013. 8. 29.

BCG 약물요법 (첫 번째)

재발 억제를 위해
BCG 약물을 주입합니다.

시술 후엔
BCG 약물 요법이 치료인데

생존율은 높아지지만
장담할 일은 아니랍니다.

뻐꾸기 소리가
창문을 두드립니다.

놀러 나갈 시간 따윈
있을 턱이 없습니다.

2주에 1번씩
5번을 더 접종을 해야 한답니다.

머리카락이 빠지지 않으니
다행이라 해야 할까요.

불투명한 나의 날들이
거미줄처럼 끈적거린 약물 위에서
파닥입니다.

| 2013. 10. 8.

BCG 약물요법 (여섯 번째)

마지막 약물 치료를 하고
진료실에 들어섭니다.

약물주입은 이제 끝났으니
결과를 알기 위해
2주 후에 방광내시경을 한다고 합니다.

재발가능성이 있을 때는
BCG 약물 주입을
세 번 더 해야 합니다.

불안 속에 살아온 삶들이
스크린처럼 스쳐갑니다.

알 수 없는 내일 때문에
불안해하지는 말자.

의사 선생님들의
정성어린 손길을 믿어보자.

평안한 마음으로
진료실을 나섭니다.

마음이 한결 따뜻해집니다.

| 2013. 12. 3.

별빛이 환하기를

아, 또 한 분이
하얗게 병실을 떠나네요.

오열만 남겨 놓고
저리 떠나네요.

침묵으로 고개를 숙이는
의사의 뒤편으로
막막한 어둠이 내립니다.

누구나 한 번은 떠나지만
떠나면 그냥 그뿐입니다.

떠나는 사람을 위해
저 폭설은 멈추지 않겠지요.

가시는 길마다
별빛이 환하기를 소망합니다.

| 2013. 12. 13.

방광내시경 1

가벼운 바람에도
신경이 곤두섭니다.

흐리다가 개었다가
마음이 불안합니다.

오늘은
치료 결과를 알기 위해
내시경 검사를 하는 날

진료실로 향하는 발걸음
한없이 무겁습니다.

의사선생님은
시술 상태는 좋지만
재발이 많은 병이니

BCG 약물 주입을 세 번 더하고
내시경을 또 한 번 해보자고 합니다.

아직 재발이 없다고 하지만
5년 경과해봐야 안다고 합니다.

병원 밖엔 흰 눈이 쌓이고
나직한 햇살의 음성들이 눈을 녹이겠지요.

내 생이 눈처럼
녹아 없어지지 않기를
두 손 모아 빌면서 병원 문을 나섭니다.

| 2013. 12. 17.

웃음은 보약

웃어라
보약이다

그깟 마음의 병
웃어 버려라

어울렁
더울렁 사람들과 어울려
털어버리고

마음 비우고
웃고 살으니

행복한 꽃 한 송이
밝게 피어오른다.

| 2014. 3. 1

BCG 약물요법 (일곱 번째)

일곱 번째로
BCG 약물을 주입했습니다.

소변을 참을 수 없어
기저귀를 차면서
동동거리는 내 모습에 연민을 보냅니다.

의사선생님은
BCG 약물 주입 부작용이라며
베시케어 정을 처방합니다.

BCG 약물 주입은
재발을 막을 수 있는
유일한 치료법,

괴롭고 힘들지만
부작용을 참으며 살다 보면
웃는 날 있겠지요.

절뚝거리는 내 삶이
연초록 새잎으로 덮이는 날 있겠지요.

2014. 5. 15.

나의 좌우명

또 기저귀를 찼습니다.
여덟 번째 약물 주입으로
끝내고

약물 중독이니
힘들면 잠시 중단하고
3개월 후에
방광내시경을 다시 하자고 합니다.

방광암은 재발이 많아
어려움을 참아내야 한답니다.

나는
초기에 시술을 해서
5년 생존할 확률은 높다지만

5년만의 삶은
너무 아쉽습니다.

팔뚝을 들어보니
근육은 많이 사라졌습니다.

내 삶의 시계추는
서쪽으로 기울어지지만
내 인생의 좌우명에
져서 쓰러지는 것은 절대 없습니다.

| 2014. 7. 4.

운명을 바꾸고 싶었습니다

한밤중에 교통사고 환자가
응급실에 실려 왔습니다.

팔, 다리가 부러지고
머리도 깨지고
곧 죽을 것만 같았습니다.

나는
교통사고 환자가 아닌 게
참으로 다행이라 생각했습니다.

헐레벌떡 달려온 의사선생님은
검사를 하더니
3개월 후면 퇴원할 수 있을 거랍니다.

정형외과 병실로 올라가는
환자를 보며
나는 갑자기 배가 아팠습니다.

암 병동 환자는
대부분 퇴원이 아니고
하늘나라 올라갈 날이 정해진 사람들입니다.

아직은 재발되지 않았다 해도
나는 언제 터질지 모르는
폭탄 하나 품고 살아갑니다.

석 달이 지나
퇴원하는 교통사고 환자를 보며
나는 참으로 그 사람과
운명을 바꾸고 싶었습니다.

| 2014. 8. 20.

삶

나의 삶에도
이제 밝은 햇살이 비치는가.

2회차 방광내시경 검사에도
재발이 나타나지 않았다 하네.

야호, 야호
하늘까지 솟아오르고 싶네.

퇴색해 가는 단풍잎들도
찬란하게 보이네.

| 2014. 10. 18.

무거운 마음

병원을 향해 길을 나섭니다.
마음에 무거운
돌덩이 하나 얹혀 있습니다.

남들은 병원에 둘이 가는데
혼자 병원에 갈 때마다
외로움은 더하고

달리는 차창 밖으로
꿈인 양 스치는 푸른 시그널

방광암은 재발이 많아
3개월에 한 번 내시경 검사를 합니다.

마취를 하고
내시경실 의자에 앉으면
지옥이 따로 없습니다.

| 2014. 12. 3.

햇살

동녘 하늘에
아침햇살이 떠오릅니다.

암 덩어리를 도려내고
두 해가 지났습니다.

어둡던 의사 얼굴도
재발이 없다며 환해집니다.

시에 미쳐 살다 보니
하루하루가 즐겁고

밝게 웃으며 살다 보니
암도 멀리 달아납니다.

어둡던 내 인생에
아침 햇살이 밝습니다.

| 2015. 8. 20.

새 봄

웃음이 사는 집에
암은 못 산답니다.

어둡고
걱정거리 많은 집에
암은 버섯처럼 피어납니다.

아내를 보낸 후
눈물과 한숨으로 덮여 있던 방의
검은 커튼을 걷어냈습니다.

가구마다
이끼처럼 배어있던
추억의 작은 조각마저 봉인했습니다.

나는
이제 자유인입니다.
아내의 그늘에서 벗어나야 합니다.

날마다
나의 뜨락에 시의 꽃을 피우며

고목에 새움이 트듯이
나의 가슴속에
젊고 튼튼한 새봄을 키우렵니다.

| 2015. 8. 24.

정기검사 1

"선생님, 앉으시지요"

진료실
의사선생님 밝은 미소에
내 맘도 웃음꽃 핀다.

시술을 하고 2년 반
BCG 약물주입 8번
내시경 검사도 5번 하고
CT도 2번 촬영했습니다.

방광 초음파 검사
혈액검사
소변검사도
각종 검사가 정상이라고 합니다.

다음 내시경 검사는
2016년 2월 13일 이라고 하신다.

석달에
한 번 하던 내시경 검사도
여섯달로 바뀌었고

기쁜 맘으로
진료실을 나서니
집에 가는 발길이 나비되어 날아갑니다.

| 2015. 8. 27.

무심

우리 애들은 무심하다.

애비가
삶의 반쪽을 잃고 주저앉아 있을 때도

암 시술을 하고
어둠 속에 침잠되어 있을 때도

저희 자식들만 꼼꼼히 아끼며
애비 쪽은 돌아보지 않고
잘도 웃으며 살아간다.

돈 달라 땅 달라고
귀찮게 하는 자식도 많다는데
관심 없는 것도 위안으로 삼고 살아야 하나.

불 꺼진 집에 들어가기 싫을 때
가끔은 우렁각시처럼
집안 말끔히 치워놓고

환하게 기다려주는
딸이 있으면 좋겠다.

애비가
힘든 검사를 하고 왔을 때
검사 결과 잘 나왔냐고
챙겨주는 아들 하나 있으면 좋겠다.

행복을 가꾸며 살아가자 해도
아이들의 무심이
비수로 가슴을 찌를 때가 있다.

| 2015. 9. 10.

동아줄

삭아버린 동아줄
싱싱한 동아줄
사이에 두고

이승과 저승
헤매는 사람아

가느다란 링거 줄에서
한 방울씩 떨어지는
수액을 맞으며

몽롱한 안개같이
불확실한 내일을 향해
숨죽이고 가는 사람아

떨면서 가는
사람아!

| 2015. 10. 15.

박사

병들과 친구 하며
어깨동무로 살다 보니
어느새 병에 박사가 되었다.

고혈압 19년
전립선 비대증 16년
협심증 10년

방광암은
3년째
내 곁에서 떠날 줄을 모른다.

긴 세월
고독하게 살아온 나를 위해
하느님이 보내준 선물인가

때로는 가시같이
속을 헤집기도 하고
몸의 일부같이 정답기도 한

오래 손잡고 걷다 보니
나는 친구에게 순응하는 법을 배웠다.

20년 긴 세월
친구처럼 어울리다 보니
어느새 병에는 박사가 되었다.

| 2016. 1. 7.

운명

나는 운명을 먹고 산다.

방광암 시술을 하고
2년 반 재발이 없어

이젠
석 달마다 하던 정기검진을
여섯 달로 바꾸었다.

운명에 시달리면서
제법 마음을
다스리는 법을 배웠다.

초조해하지 말자.
운명은 거스르지 않는 자에겐
발톱을 내미는 법이 없다.

물처럼
그냥 흐르며 살다가 보면
편안한 바다에 도달하겠지.

내게 허락된 운명이
비록 모질다 해도
오늘도 나는
꽃으로 피어나는 연습을 한다.

| 2016. 2. 1.

불면

잠을 이룰 수가 없다.

내일은
6회차 방광 내시경 하는 날

모든 것을 놓았던
1회차보다
햇살이 보이니 더 불안하다.

뒷산 암자에서 목탁소리가
내 마음을 다독이러 내려온다.

눈을 감으면
왜 나의 꿈밭에는
거친 바람만 살고 있는가.

생각의 넝쿨들을 잠재우다가
나는 밤새 잠들지 못했다.

| 2016. 2. 2.

2016년 2월 3일

암 시술을 하고 2년 반

아침먹고
병원에 가려고 집을 나서니
가슴이 탄다.

석 달에 한번씩
방광 내시경을 하다가
여섯 달로 바뀌었다.

오늘은
그 첫 번 검진날
의사선생님은
시술 상태가 양호하다고 한다.

재발
여부를 확인할 수 있어
괴롭고 힘들지만
모든 걸 참고 웃으며 산다

다음
내시경 검진은
2016년 8월 3일

지겹다.
그래도 해야만 한다.

| 2016. 2. 3.

표재성 암

표재성 암은
악성 종양은 아니지만
재발이 많단다.

마취를 하고
내시경 검사실 의자에 앉으면
세상은 참으로 조용하다.

어떤 운명이 기다리고 있을까
설혹 가혹한 세월이 다시 온다 해도
움츠리지 말자
당당하게 운명을 받아들이자.

진료실
의사선생님은
내 가슴에 꽃보다 고운 말을 안겨준다.

"재발이 없네요. 수고 많으셨어요."

잔설이 남아있는
창밖의 빈 가지에서
나는 비로소
봄이 오는 소리를 들을 수 있었다

| 2016. 2. 5.

교수님의 해외 연수

박진성 교수님은
삶과 죽음의 갈림길에서
나를 인도해주는 빛이었다.
동아줄이었다.

아버지보다
더 굳건했던 나의 믿음이
해외 연수 차
미국으로 떠나신단다.

캄캄한 그믐밤을 걷는
어린아이처럼
세상은 막막하지만

선진 의술을 더 많이 배워서
벼랑 끝에 선
많은 사람들을 구해줄 수 있도록
기꺼이 손을 흔들어야겠지.

1년 후 해외 연수를 마치고
돌아오시는 그날
마주보며 웃을 수 있을까?

기약할 수 없는 일이지만
그늘 지우고 인사드린다.
"감사합니다.
건강하게 다녀오십시오."

| 2016. 2. 16.

암은 완치가 없다

암은 완치가 없다.

BCG 약물주입 8번
내시경 검사 6번
방광초음파 검사도 했다.

석 달에
한 번 하던 방광내시경은
여섯 달로 바뀌었다.

방광암은
내시경 검사로
재발을 억제할 뿐이다.

완치가 되어도
평생 1년에 한 번씩은
내시경 검진을 받아야 한단다.

| 2016. 3. 10.

여행

장미꽃보다
더 고운 꿈길 찾아

버거웠던 세월
배낭에 구겨 넣고

푸른 소망 퍼덕이는 바닷가
술렁이는 파도를 향한다.

세월을 건너
유년의 기차에 오른다.

| 2016. 3. 13.

건강

달랑 혼자 걸어가는
나의
덜컹대는 칠순

수많은 병들이
바꿔가며
나와 친구하자고 손을 내밀지만

에라, 요놈들아
병에 닳고 닳은 나이기에
덥석 손을 잡는 일이 없다.

시는
내 삶의 지팡이다.

오늘도 나는 시를 빚으며
보약처럼 향기로운 시향(詩香)에 취해
온몸에 근육을 만들며 산다.

| 2016. 3. 18.

새벽길

절망이 익어
새벽을 토해 놓았다.

일그러진 내 인생
무겁게 등에 지고

어둠의 긴 터널
눈물로 걸어오다

환하게 밝아오는
아침 해 바라보며

갈맷빛 새벽길을
힘차게 걸어간다.

| 2016. 3. 20.

내일

나의 내일은
또
무슨 빛깔일까

하늘 한 편에
수없이 뭉클대는
구름을 본다.

검은 빛이 걷히고
하얀 목화처럼 탐스럽다가
저녁때쯤
빨갛게 빛나는 구름

나의 황혼도
저 구름처럼 황홀했으면 좋겠다.
지금은 암울하게 흐려졌지만
불타는 태양을 받아들였으면 좋겠다.

세월이여!
나의 내일에는 빛을 뿌려주소서.

저녁나절
수많은 몸짓으로 유혹하는 구름을 보며
나의 내일을 위해 꽃을 뿌린다.

| 2016. 3. 20.

산다는 것은

산다는 것은
거친 산밭을 일구어 가는 것

사방으로 뻗은 나무뿌리와
굳게 버티고 있는
바위를 뽑아내고

새 삶을 가꾸듯
씨앗을 뿌려
결실의 가을을 향해 달려가는 것,

누구나의 봄마다
화려한 꽃이 피는 것은 아니라네.

누구나의 여름마다
나무들이
초록의 불꽃을 피우는 것은 아니라네.

가끔은
가뭄에 새싹이 말라버려도
저마다의 계절을 가꾸고 가꿔

때로는 빈손이라도
가을을 향해 걸어가는 것이라네.

| 2016. 3. 31.

2

아내 간병看病 일기

— 폐암으로 떠난 아내를 그리워하며

항암주사 1

국립암센터 주사실에서
당신은
일곱 번째 항암주사를 맞고 있습니다.

초기 암은 수술을 하고
항암주사를 맞으면
5년 생존율이 높다고 하는데

당신은 폐암 말기
수술도 할 수 없다고 하지만
희망을 버리지 말고
조금만 더 참고 견디어 봅시다.

그 곱던 머리카락이
하나씩 둘씩 빠지기 시작하는데
의사 선생님은
다시금 검은 머리카락이 돋는다 합니다.

"여보!
부끄럼 버리고 기다려 봅시다."

| 2003. 5. 10.

항암주사 2

오늘은
열일곱 번째
항암주사를 맞습니다.

먹은 음식 다 토해내고
고열에
괴롭고 힘들어도

여보
희망을 버리지 말고
조금만 더 아픔을 참아 봅시다.

그래도
당신의 빠진 머리카락이
까맣게 돋기 시작합니다.

희망을 안고
하나님께 기도합시다.
"암과의 싸움에서 이기게 해 주시고
아파도 웃을 수 있게 하소서."

| 2004. 6. 10.

방사선 치료

내일은 방사선 치료를 한다고
기사들이
당신 가슴에
그림을 그리고 있습니다.

열일곱 번 항암주사에도
암은 더 깊어만 가고

가슴에 붙이고 먹는 진통제로는
통증을 막을 길 없어
방사선 치료를 하지만

의사는
항암주사보다 더 어렵고
참기 힘든 통증을 걱정합니다.

운명을
하늘에 맡기고 기도합시다.

'생명을 조금만
조금만 더 생명을 연장해 달라고.'

| 2005. 11. 10.

용서

가슴에 통증이 오면
당신은
잠을 이루지 못합니다.

비상벨 눌러
간호사가 가져다주는
진통제로 통증을 달랩니다.

진통제 양을
올려달라고 떼를 쓰더니
오늘은, 의사 선생님이
중환자실로 옮기라고 합니다.

"여보!
그 동안 얼마나 힘들었소?
용서해 주오.
꼭 살아서
일반 병실로 돌아와야 합니다."

| 2005. 12. 6.

중환자실

12층 엘리베이터 문이 열리고
당신은
침대에 실려
중환자실로 옮겨 갑니다.

간호사가
혈압 체온을 체크하며
바쁘게 움직이는데,

인공호흡기를
입에 문 당신을 보고
여의사는 말이 없습니다.

"여보!
꼭 살아나야 합니다."
간호사에 떠밀려
중환자실 문을 빠져 나옵니다.

| 2005. 12. 7.

눈이 옵니다

어제도 오늘도
병실 밖에는 눈이 옵니다.

병실 밖
흰눈을 바라보며
환하게 웃던 얼굴.

오늘은 중환자실에 옮겨와
인공호흡기를 입에 물고 있습니다.

나, 그리고 아이들을 바라보며
말도 못하고
두 눈만 깜박입니다.

겨울 가고
꽃 피는 봄날이면
내 맘에도
아름다운 꽃이 피겠는지요.

| 2005. 12. 8.

기도

당신 얼굴을
오늘은
바라볼 수가 없습니다.

중환자실 간호사가
침대에
두 손, 두 발을
꽁꽁 묶어놓고

진통제, 신경안정제를 먹여서
말 한 마디 못 나누고
병실 문을 빠져나옵니다.

"하나님, 우리 집사람을
살려주십시오."

앞으로 더욱 열심히
아내를 위해
기도를 드리렵니다.

| 2005. 12. 9.

면회

11시 30분
마음 졸이던 중환자실
문이 열립니다.

인공호흡기를 입에 물고
두 손발이 꽁꽁 묶인 채
아내가
우리를 맞이합니다.

"여보, 묶인 손을 풀었으니
종이에 글씨를 써서
마음을 전해 주오."

10분, 20분
시간이 지나도 손이 떨려
아내는 글씨를 쓰지 못합니다.

"여보, 우리
얼굴 마주했으니

저녁 면회 시간에 다시
또 만납시다."

| 2005. 12. 10.

일반 병실로 가고 싶다

당신이
중환자실로 옮겨와
면회올 때마다
일반병실로 옮겨달라고 해도

여의사는
아직도 숨이 차고 맥박이 빨라
옮길 수 없다고 합니다.

"여보, 고생스럽지만
조금만 더 참고 견디어 봅시다."

며칠 지나면
웃음 머금고 일반실로 가겠지요.
우리 함께
참고 견디며 노력하자구요.

| 2015. 12. 11.

인공호흡기

면회 와서
침대에 묶인 두 손을 풀어주면
당신은
'입 안의 인공호흡기를 떼어 줘요.'
글씨를 써 보입니다.

인공호흡기 때문에
말도 못하고
먹지도 못해
병원 생활이 괴롭겠지요.

"의사 선생님!
모든 책임은 내가 질 터이니
인공호흡기를 떼어 주십시오."

간곡히 부탁을 드려도
의사 선생님은
눈빛 하나 변하지 않습니다.

| 2005. 12. 12.

각서覺書

당신 인공호흡기를
떼어달라고 했더니
보호자가
의사 말을 듣지 않는다고
각서를 쓰라고 합니다.

각서를 쓰는 마음은
생과 사의 갈림길을 넘나드는데
인공호흡기를 떼어낸
의사 선생님은 밖으로 나갑니다.

당신 곁에 다가온 간호사가
혈압과 체온을 체크한 후
모든 것이
정상이라고 합니다.

중환자실에 당신을 홀로 남겨두고
밖으로 나오려니
누군가

내 등을 밀어내고 있습니다.
만원 지하철의 푸시맨처럼.

| 2005. 12. 13.

링거 주사

당신 팔뚝 링거 바늘에서
영양제가 한두 방울씩
멈추지 않고 떨어집니다.

중환자 병실
침대에 손발이 묶인 10일 동안

물 한 모금 먹지 못하고
두 눈으로 나만 바라볼 뿐
말을 못 하는데

여의사는
수액 주사만으로도
영양공급이 충분하다고

보호자 말에
귀도 기울이지 않고
병실 문을 빠져 나갑니다.

| 2005. 12. 14.

간호사

중환자실 병실을 들어서는
내 마음이 불안하고
두려워 겁이 납니다.

어제 각서 쓰고
인공호흡기를 떼어내고

집에 도착하여
당신 상태가 궁금하여
한 잠도 이루지 못했는데

호흡도
맥박도 정상이고
혈압도 정상이라고
간호사가 말합니다.

"간호사님, 고맙습니다.
오, 하나님, 감사합니다."

| 2005. 12. 15.

전화

인공호흡기를 다시 달자고
여의사가
긴급 전화를 했습니다.

이대로 두면
이산화산소가 쌓여
뇌경색이 올 수 있다고 하니
인공호흡기를
다시 달기로 했습니다.

'당신은 얼마나 힘이 들었을까?'

인공호흡기를 입에 물고
당신은 의식을 잃은 채
잠이 들었습니다.

당신 숨소리에 내 심장은
쿵쿵 무너져 내립니다.

| 2005. 12. 16.

앰뷸런스를 불러줘요

오늘도 입에 물린
인공호흡기 때문에
아내는 말을 못합니다.

면회 때 가지고 온 종이에
볼펜으로 글씨를 씁니다.

'먹지도 못하고 답답하니
퇴원하여 집으로 가요.
앰뷸런스를 불러줘요.'

여의사는
코줄과 인공호흡기를
뗄 수 없다고
매몰차게 병실을 빠져나갑니다.

"여보, 괴롭고 힘들어도
참고 견디어 봅시다.
12층 일반병실로 올라갈 때까지."

순간
아내의 눈이 젖어 옵니다.

| 2005. 12. 17.

코줄

중환자실 침대에 누운 채
아내는 오늘도
두 손발이 묶여 있습니다.

입에는 인공호흡기
코에는 코줄을 매달고
두 눈만 깜박일 뿐
말을 할 수가 없습니다.

"여보!
나를 알아볼 수 있으면
고개라도
한 번 끄덕거려 보오."

혈압 체온 맥박이 정상이라고
간호사가 말하지만
아내는 무표정입니다.

2005. 12. 18.

수액水液 주사

중환자실 문이 열리고
간호사가
당신 이름을 호명할 때마다
내 마음도 아픕니다.

인공호흡기 때문에
물 한 모금 먹지 못하고

왼쪽 팔 링거 주사 바늘에서
한두 방울씩 떨어지는
수액으로 생명을 연장합니다.

"여보, 꼭 이겨 냅시다.
퇴원하여, 행복하게 삽시다."

당신은 수액을 맞으면서
암과 싸우고 있습니다.

| 2005. 12. 19.

폐렴도 찾아오고

온 몸에 열이 나고
먹으면 토해내는
국립 암센터
열일곱 번 항암주사도

괴롭고 힘들었던
대학병원
방사선 치료도
암을 치유하지 못합니다.

이제는 폐렴까지 찾아와
중환자 병실에서
어제도 오늘도 두 눈을 감고
당신은 말이 없습니다.

침묵으로 고개를 숙이는
의사 뒤로
어둠이 내려 쌓입니다.

| 2005. 12. 20.

말도 못하고

오늘도 당신은
중환자실 침대에서
두 눈을 감고 의식을 잃은 채
깊이 잠들어 있습니다.

"여보! 내가 왔어요.
눈 한 번 떠 보시오."

불러도 흔들어도
당신은 말도 못합니다.
두 눈을 감고
가쁜 숨만 몰아쉽니다.

간호사는
고열에 저혈압,
맥박마저 고르지 않다고 합니다.

"의사 선생님!
우리 집사람을 살려주세요!"

| 2005. 12. 21.

전도사

병실 문이 열리고
면회 온 사람들이 하나둘씩
중환자실로 들어섭니다.

오늘은 신탄진 제일교회
박 전도사님이
당신을 위한 기도를 합니다.

나도 따라서 기도를 합니다.
예수 그리스도의 이름으로
간절하게 기도 드립니다.

하나님께서 보여주실
은사의 기적을 소망합니다.

| 2005. 12. 22.

섧다

섧다, 섧다 해도
웬만한 서러움이 아닙니다.

100일 전
암 환자답지 않게
그 곱던 얼굴.

많은 날
병상에서 시달려
뼈만 앙상한 모습.

진통제 신경안정제로
살아가는 당신.

그 곱던 당신 얼굴을
다시 볼 수 있을까,
생각만으로 눈이 젖습니다.

| 2005. 12. 23.

큰 바늘

오늘은
당신 팔다리가 부어올라
링거 바늘을
꽂을 수 없다고 합니다.

가슴 동맥에
큰 바늘을 꽂자고 합니다.

수액
혈압 강장제
각종 약들을 써보지만

여의사는
혈압이 떨어지고
맥박이 고르지 못하니
병실 밖에서 대기하라고 합니다.

멀리 가지 말고
문 밖에서 대기하라고 합니다.

| 2005. 12. 24.

안내원

"눈이라도
한 번 떠 보시오.
아들, 딸, 그리고 내가 왔소!"

아내는 두 눈을 감고
몸이 굳어
의식을 잃어가고 있습니다.

어제는 눈도 뜨고
고개를 끄덕이며
의식이 있었는데….

내일은 살아 숨쉬는
당신을 다시 볼 수 있을까,
가슴이 무너집니다.

중환자실
안내원에 떠밀려
병실 밖으로 쫓겨납니다.

| 2005. 12. 25.

임종 1

중환자실 병실에서
당신은
내 곁을 아주 떠나려 합니다.

사랑하는 아들 딸
남편마저 몰라보며
가쁜 숨을 몰아쉽니다.

지금 당신이
이승을 떠나면
나는 어찌 살아갑니까?

여보, 이승에서
마지막 당신 이름을
불러 봅니다.

맹세컨대 살아 생전
당신만을 사랑했습니다.

2005. 12. 25.

임종 2

오후 16시 30분
중환자실 간호사가
임종이 다가왔다고 합니다.

가족 친지에게
빨리 연락하라며
담당 의사를 부릅니다.

어제, 진도에서 올라오신
형님과 조카는
오늘, 진도로 다시 내려갔고

장모님,
그리고 처형과 처남들은
연락을 해도 오질 않습니다.

담당의사는
당신 얼굴에

하얀 가운을 덮고 나서
병실을 나섭니다.

아들하고 둘이
외롭게
당신 떠나는 길을 지켰습니다.

그 길이 평안하고
아프지 않은
길이었으면 좋겠습니다.

| 2005. 12. 26.

먼 훗날

당신은 떠났습니다.
아주 먼
하늘나라
하나님 곁으로 갔습니다.

사랑하는 아들 딸
그리고 형제와 나를 두고
머나먼
저승길로 갔습니다.

여보!
이승에서
마지막으로
당신을 소리쳐 불러봅니다.

진실로 고백하건대
살아 생전
당신만을
사랑했습니다.

지금은
당신 곁으로 가지 못해도
먼 훗날
먼저 간 당신이 부르면

그때
웃으면서
당신 곁으로 가렵니다.

| 2005. 12. 27.

화장

지금 당신은
괴롭고 힘들었던
이승을 하직하고 있습니다.

화장터
불 항아리 속에서
두 눈을 감은 채
세상을 훨훨 태우고 있습니다.

한 시간이 지나
한 줌 재로 남은
당신을
유골함에 담아
시립 납골당에 모십니다.

여보,
먼 훗날
나도 숨을 거두면
고향의 종산으로 가지 않고

당신하고 둘이
합장하여
대전국립묘지에
함께 가기로 하였습니다.

| 2005. 12. 28.

납골당

아들 딸
그리고 형제자매들이
유골함에 담긴 당신을
모시고

영구차로
구봉산 납골당에
도착하여
11시,
마지막 영결식을 마쳤습니다.

관리인은
지하 1층 7969번에
당신을 안치하고
문을 닫습니다.

여보!
삼우제날 우리
다함께 다시 오리다.

| 2005. 12. 28.

옷장 정리

내일이 삼우제라서
오늘은
장롱 속 당신 옷을
정리했습니다.

옷장 서랍 속에는
아직도
당신의 온기가 남아 있습니다.

버리기 아까운 물건을
하나 둘씩
보따리에 챙겨 묶습니다.

그동안
당신이 입고 살았던
낯익은 옷들이
검은 연기 속에 사라집니다.

그래도 하나
함께 손잡고 오를 때 입던
빨간 등산복은
태우지 않고 남겼습니다.

당신이 보고 싶을 때
만지며 살렵니다.

| 2005. 12. 30.

삼우제

당신이 숨을 거둔 지
6일입니다.
오늘이
삼우제 날입니다.

구봉산 납골당
관리인이
납골당 문을 열었지만
당신은
여전히 아무 말이 없습니다.

앞으로
당신이 웃는 모습을
살아 생전
볼 수 없다고 생각하니
가슴이 무너집니다.

여보, 오늘도
당신을 홀로 남겨두고

납골당을 떠나는
내 마음이 서글픕니다.
소쩍새처럼 울고 싶습니다.

| 2005. 12. 31.

교회

당신이 숨을 거두고
첫 번째 맞이하는
일요일

아들,
그리고 두 딸하고
교회에 왔습니다.

목사님 설교 말씀에
귀를 기울이며
당신을 위한
기도를 드립니다.

하늘나라에서 당신은
우리들을
바라볼 수 있겠지만
나는
당신을 볼 수 없습니다.

그래도 나는 기쁩니다.
이렇게 아들 딸하고
당신을 위해 기도할 수 있어
가슴이 훈훈하게 녹습니다.

| 2006. 1. 8.

이웃집 아주머니

아침에 내어 놓은
대문 앞 종이뭉치와 빈 공병

이웃집 아주머니가 주워가며
당신 소식을 묻습니다.

멀리 떠난 이야기를 할 수 없어
눈시울을 적시며
허공을 우러릅니다.

이웃집 아주머니 생활이 어렵다며
신문지와 공병,
헌 옷가지를 챙기던 당신

오늘, 이웃집 아주머니는
당신이 폐암에 걸려
고생이 많다며 울먹입니다.

| 2006. 1. 10.

장모님

아침에 장모님이
대문을 열고
방안에 들어오십니다.

매 끼니 때마다
밥을 잘 챙겨 먹으라고
신신당부를 하고

젊은 사람이
어떻게 혼자 사느냐고
벌써 재혼 말을 꺼냅니다.

여보, 지금은
아들이 옆에 있어 외롭지 않고
끼니도 거르지 않습니다.

그래도 당신 어머니는
자신보다 먼저 간 당신을

원망하며
대문을 나섭니다.

| 2006. 1. 10.

산행 1

당신이 숨을 거둔 지
열이레
아픈 마음에 문을 열고
혼자서 눈 쌓인
산길을 따라 오릅니다.

여보!
많은 사람들이
눈 쌓인 길을 오르내려도
그 속에
당신이 없습니다.

산 정상에서
당신을 소리쳐 불러도
대답이 없습니다.
빈 메아리만 돌아옵니다.

| 2006. 1. 11.

산행 2

구봉산 납골당 7969번 유골함에
당신을 안치하고 열여드레
어디에 마음 둘지 몰라
무작정 산행에 나섭니다.

온갖 무의미한 세상사
따라오는 이 없고
갈 곳도 없이 나는
하염없이 걸음을 재촉합니다.

눈 쌓인 길을 홀로 걷는데,
길을 따라 밟히는 당신 얼굴.
겨울 찬바람은
앙상한 가지에 와서 멈추었다가
내게로 와 소리치며 달아납니다.

산 정상에서 당신을 불러 봐도
되돌아오는 바람소리.
곧 따라가리다.

어차피 그 곳으로 가야 할 길,
재촉 마소.

| 2006. 1. 12.

대천 해수욕장

오늘은 승용차로
아들 딸 그리고 사위하고
대천 해수욕장에 왔습니다.

해변 포장마차에서
멍게하고 해삼을 안주로
소주를 마셔도 서럽습니다.

횟집에 가서
낙지하고 광어를 안주로
맥주를 마셔도 서럽습니다.

바닷가 모래사장에 나가
폭죽을 터트리고
불꽃놀이를 해도 서럽습니다.

당신이 없는 대천 해수욕장은
추억만으로
외롭고 서럽습니다.

| 2006. 1. 15.

영정사진

외출하고 돌아오면
당신의 영정사진이 홀로
나를 맞습니다.

당신이 없는 집안은
외롭고 쓸쓸합니다.
당신의 때가 묻은 베개가
더욱 외롭게 합니다.

당신이 숨쉬며
늘 바라보던 화장대
거울 속에도
당신은 나타나지 않습니다.

벽에 걸어놓은
영정사진만이 말없이
나를 바라보고 있습니다.

| 2006. 1. 16.

당신은

폐암으로 고생하다가
당신은
하나님 곁으로 떠났습니다.

중환자실 당신 곁에는
사랑하는 아이들과
내가 지켰고
마지막 숨을 거둘 때까지
외롭지 않게 간병을 했습니다.

남들은 당신이
너무나 빨리 하나님 곁으로
갔다고 아파하지만
홀로 남은 나는
살아갈 날들이 캄캄합니다.

| 2006. 1. 17.

그림자

오늘은 신탄진 5일 장날
시장에 나섰습니다.

시장통 생선가게 아줌마가
소식을 묻고
떡 방앗간 아줌마도
당신의 근황을 물어보지만

차마 하나님 곁으로 갔다고
가슴 메어 말 못하고
이곳 저곳 하릴없이 거닐었습니다.

순대국밥에 막걸리 한 잔,
또 한 잔을 더 마셔도
취기는 돌지 않습니다.

당신을 잃은 슬픔을 잊으려고
내 가슴 깊은 곳에 있는

당신의 그림자를

도저히 지울 수 없습니다.

| 2006. 1. 19.

그리움

여보, 내가 왔습니다.
오늘은 아들하고
둘이 왔습니다.

당신은 구봉산 납골함에
홀로 잠이 들었지만

나는 자나 깨나 지금도
그립고 보고 싶은
당신 생각뿐입니다.

오늘도 홀로 잠든
당신 얼굴을
똑바로 볼 수가 없습니다.

겨울이 가고
꽃 피는 봄이 오면
진달래 꽃 아름 꺾어 들고
다시 찾으리다.

| 2006. 1. 20.

고향

당신을 떠나 보내고
애들하고
고향 진도에 왔습니다.

팔순 노모는
당신을 어떻게 하고
너희들만 왔느냐고
끝내 울음을 터트립니다.

퇴직을 하면
고향에서 노모를 모시고
함께 살자더니

당신은
진도 땅을 밟지도 못하고
머나먼 길을 떠났습니다.

당신이 없는 지금
고향땅은
서러운 외지(外地)일 뿐입니다.

| 2006. 1. 21.

아들

어릴 때 동네 목욕탕에서
아들의 때를 밀어주면
아프다고 싫어하더니

서른한 살 청년이 되어
오늘은 찜질방에서
애비 등을 밀어 줍니다.

여보, 당신이
내 곁을 떠나고
밥 짓기,
설거지가 아무리 힘들어도

당신이 없는 부엌에서
아들이 밥을 지어
밥상을 차려 냅니다.

식사가 끝나면
설거지도 하고 말벗이 되어
외롭지 않습니다.

| 2006. 1. 22.

하모니카

당신이 내 곁을 떠난 지
오늘이 30일입니다.

나와 슬픔을 함께 나누던
아들은
서울 대학으로 가고

집으로 찾아온
딸과 사위도 저녁을 먹고
자기들 집으로 돌아갑니다.

홀로 남아 잠을 청해도
외로움만 더하고
당신이 떠난 빈 자리가
너무나 넓습니다.

당신이 미치게 그리울 때는
밤하늘의 별을 세며

하모니카를 입에 뭅니다.

외로움을 달랩니다.

| 2006. 1. 24.

설날

오늘은 구정입니다.
당신이 내 곁을 떠나고
첫 번째 맞이하는 설날입니다.

아들과 딸이 있어
당신이 생전에 좋아하던
음식을 만들어

온 가족이
차례 상 앞에 모여
당신을 위해 기도합니다.

여보! 우리 가족은
모두 잘 있습니다.
당신도 하늘나라에서
떡국을 맛보려나 궁금합니다.

2006. 1. 29.

성묘省墓

설날은 구봉산까지 왔다가
길이 막혀서
성묘를 못하였습니다.

정월 초이틀, 오늘은
아들, 딸과 같이
다시 성묘를 왔습니다.

당신이 내 곁을 떠난
설날은 외롭고 쓸쓸하지만

아이들이 정성들여 차린
음식을 준비하여
차례 상을 차렸습니다.

내년 설날에는
더 많은 음식을 마련하여
차례 상에 올리겠습니다.

| 2006. 1. 30.

철길

마을 앞 신작로 너머
하얗게 눈 쌓인
녹슨 철길을 걸어갑니다.

당신하고 내가 만나
사랑을 꽃피우며 걸었던
철길을 혼자 걷습니다.

오랜 세월
까마득히 잊었던 추억을
혼자서 되살리며 걷습니다.

오늘은 당신을 그리워하며
혼자서 외롭게
녹슨 철길을 걸어갑니다.

| 2006. 2. 10.

49제祭

정월 대보름
당신이 내 곁을 떠난 지
49일

우리 가족 모두
구봉산 납골당에서
당신을 위해 기도합니다.

나는 지금도
한 날 한 시도
당신 생각을
잊어본 적이 없습니다.

오늘부터는 나도
당신을 잊으려고
좀 밝게 살아가렵니다.

당신도 이제
하늘나라에서

더 좋은 세상을 만나
행복하기를 기원합니다.

| 2006. 2. 12.

눈물

비탈진 산길을 돌고 돌아서
구봉산에 당신을 안치하고

내 곁에 당신이 없으니
아무리 닦아도
눈물이 멈추지 않습니다.
참으려고 애를 써도
하염없이 두 볼을 적십니다.

당신이 살아 있을 때
못 다한 사랑 때문에
속죄하며 흘리는 눈물입니다.

여보, 용서해 주오.
살아서 못 다한 사랑
당신 곁에 가서
다시 사랑을 꽃 피우겠습니다.

| 2006. 2. 14.

죄罪

먼 길 하늘나라로
당신을 먼저 떠나보내고

마음이 울적할 때마다
구봉산 납골당으로
당신을 보러 옵니다.

난 죄가 많은 인간이오.
기쁘고 행복할 때는
당신을 찾지 않고
괴롭고 힘이 들 때면
오늘처럼
당신을 보러 옵니다.

당신의 죽음을 슬퍼하던
아이들도
날이 갈수록 멀어지고

암환자인 당신을 간병하며
아픔을 나누던 병원생활이
새삼 그립습니다.

| 2006. 2. 17.

어버이날

오늘은 어버이날입니다.
한 송이 카네이션을
가슴에 안고
산을 오릅니다.

오솔길 산 모퉁이마다
송홧가루가 바람에 날립니다.
철쭉꽃은 나를 보고
반갑다고 손짓하지만
당신 없는 세상은 외롭습니다.

늦은 밤
아버지 마음 달래며
자식들이 찾아와
웃음꽃을 피우지만

당신 없는
집안은 텅 비어

더욱 외롭고 가슴이 메입니다.
괴로워 잠을 못 이룹니다.

| 2006. 5. 5.

편지

해질녘 노을이 피듯이
아지랑이처럼 피어오르는
당신 얼굴이 보고 싶습니다.

다락방 문을 열고
아름다운 사랑의 소식이 올까,
집배원을 기다렸지만
쓸쓸한 바람만 다녀갑니다.

낙엽은 바람에 춤을 추는데
무지개처럼 피어오르는
당신의 얼굴이 더욱 그립습니다.

산 너머 황혼이 질 때까지
당신의 소식을 간절히 기다리지만
끝내 소식이 없습니다.

그래도, 대문을 활짝 열고
당신 편지가 올까
하늘나라 먼 곳을 바라봅니다.

| 2006. 10. 5.

《추천의 글》

투병(鬪病)과 간병(看病)의 절실한 서정

— 3시집 『한정민 병상일기』를 감상하며

문학평론가 리 헌 석

(사) 문학사랑협의회 이사장

1. 시인의 발자국을 따라

한정민 시인은 1944년 4월 25일 전남 진도군 군내면에서 출생하고 성장합니다. 섬사람들은 대부분 어업에 종사하거나 농업을 겸합니다. 그렇지만, 그의 집안은 농사를 지어 사느라 고생스러웠던 것 같습니다. 군내초등학교를 졸업하고, 진도서중학교에 재학할 때 여러 갈등에 직면합니다. 가난한 농부의 아들로 농사를 짓고 살아야 하는 것, 앞으로 자신이 헤쳐 나가야 할 방향, 성공하기 위해 해결해야 할 일 등을 심도 있게 고민합니다.

그래서 중학교 재학시절에 용기를 내어 가출을 합니다. 현대그룹을 일군 정주영 명예회장이 소 판 돈을 들고 가출하였듯이 그도 용기를 냅니다. 현실에 실망한 젊은이들이 가출을 하여 새로운 길을 모색하는 것은 삶의 원심력으로 이해할 수 있습니다. 낙심한 젊은이들에게는 어디론가 훌훌 떠나서 새로운 삶을 찾아야겠다는 모험심이 작용합니다. 이러한 탈출구에 의하여 새로운 삶을 열어 성공하는 경우도 있습니다.

그러나 청운의 꿈을 간직하고 감행한 시인의 가출은 도시의 깡패를 만나 좌절됩니다. 고향으로 내려갈 차비만 남기고 모두 빼앗기는 바람에 일장춘몽이 됩니다. 귀가(歸家)할 명분이 없던 그는 여러 일을 전전하다가 1965년 베트남 전쟁에 참전합니다. 〈포화 속/ 월남 땅 전쟁터〉로 떠납니다. 〈눈물 속에/ 부산항구// 부두〉를 뒤로한 채. 월남전에 참전합니다. 그가 전사하면 그 보상을 받아 가족들만이라도 잘 살 수 있으리라는 희망 하나로 무작정 참전한 효자로 보입니다.

뙤약볕 아래
쏘던 총을 놓고

병사가
피우는 불꽃

야자수 사이로
피어오르는

연화(煙火) 속에
향수가 탄다.

— 「연화(煙火)」 전문

그는 1967년까지 월남전에 참전하여 '국가 유공자'가 됩니다. 가족을 위한 감행이었던지라, 전쟁터에서 그는 부친에게 월급을 송금하면서, 모아지는 대로 농지를 구입하도록 부탁드립니다. 부친은 아들의 생명을 담보한 눈물겨운 돈이어서 쓰지 않고 모아 땅을 삽니다. 여섯 마지기를 사서 서 마지기는 큰 아들 이름으로 등기를 하고, 서 마지기는 한정민 시인 앞으로 등기를 하여 그 농토가 아직도 남아 있습니다.

1969년에 전매청(지금의 담배인삼공사)에 공무원으로 채용되어 대전 시민이 됩니다. 아내와 결혼을 하여 1남 2녀를 양육하며 행복하게 삽니다. 호사다마(好事多魔)랄까, 기억조차 하기 싫은 일이 벌어집니다. 2002년에 그의 아내가 '폐암'이라는 진단을 받습니다. 서울에 있는 국립 암센터를 비롯하여, 대전의 몇몇 병원에서 치료를 받습니다. 그러나 가족들의 극진한 간병 속에서도 쾌차하지 못하고, 2005년에 작고합니다. 한정민 시인은 아내의 발병(發病)에서부터 별세까지, 그리고 그 후의 그리움과 사랑을 시로 짓습니다. 그의 시에 담겨진 절절한 사랑, 아내에 대한 순애보(殉愛譜)는 문학적 수사(修辭)보다 감동적입니다. 진실은 어떠한 표현력보다 더 절실한 감동을 생성합니다. 그런 의미에서 이 작품들은 천금의 가치가 있습니다.

이를 담은 1시집 『먼 훗날』로 울먹울먹한 감동을 생성한 한정민 시인은 더욱 정진하여 2015년에 2시집 『진도 육자배기』를 발간하고, 2016년에 3시집 『한정민의 병상일기』를 발간합니다. 3시집의 1부에 시인의 병상일기, 2부에 아내 간병일기를 수록하여 암 환우들에게 푸른 신호등 역할을 자임(自任)하고 나섭니다.

2. 가슴 먹먹한 아내 간병일기

한정민 시인의 2부 작품을 감상하는 시작부터 가슴이 뭉클해지더니 점차 안타까움으로 한숨을 내쉬게 됩니다. 때로는 너무 절절하여 모르는 사이에 눈물을 흘리며 읽다보니, 아내를 사랑하는 남자의 순정한 가슴을 만납니다. 〈맹세컨대 살아생전/ 당신만을 사랑했습니다.〉라는 고백에 이르러 순수한 사랑에 경탄하게 됩니다.

〈당신은/ 국립암센터 항암주사실에서/ 오늘도/ 일곱 번째 항암주사를 맞고 있습니다.〉로 시작된 한정민 시인의 시는 아내의 투병(鬪病)과 임종(臨終)에 이르는 과정, 이별한 후의 애절한 정경까지 담아내고 있습니다. 작품을 읽으면서 환자가 겪는 여러 고통들을 마주합니다. 더불어 환자를 돌보는 시인의 눈물겨운 사랑에 가슴이 먹먹해집니다.

병환이 깊어진 시인의 아내는 인공호흡기를 입에 물고 있어 말을 할 수가 없습니다. 눈빛을 주고받으며 마음을 나누거나, 손짓이나 표정으로 뜻을 전달하거나, 때로는 필담(筆談)을 통하여 대화를 합니다. 〈오늘은/ 입에 물린/ 인공호흡기 때문에/ 말을 못하는/ 당신은// 면회시간에 가져온/ 종이

위에/ 볼펜글씨〉를 써 마음을 전달합니다. 다른 사람은 알아볼 수 없는 글씨지만, 시인에게는 삐뚤거리는 글씨가 보석과도 같습니다. 이렇게 소통을 하면서 환자의 몸과 마음을 돌보는 마음에 놀랍니다.

때에 따라 고통이 극심해진 환자는 몸부림을 치기도 합니다. 〈오늘도/ 당신은 중환자실/ 침대에 누운 채/ 두 손이 묶여 있습니다.// 입에는/ 인공호흡기/ 코에는/ 코 줄을 매달고// 두 눈만 깜박일 뿐/ 아무 말〉도 하지 못합니다. 손이 묶여 있는 아내의 모습에 시인은 눈물만 흘릴 뿐입니다. 그러던 시인은 〈내가 누구인지/ 알 수 있으면/ 고개〉를 끄덕여 보라고 하여 아내의 상태를 확인하며 간병합니다.

당신 인공호흡기를
떼어달라고 했더니
보호자가
의사 말을 듣지 않는다고
각서를 쓰라고 합니다.

각서를 쓰는 마음은
생과 사의 갈림길을 넘나드는데
인공호흡기를 떼어낸
의사 선생님은 밖으로 나갑니다.

당신 곁에 다가온 간호사가
혈압과 체온을 체크한 후
모든 것이
정상이라고 합니다.

중환자실에 당신을 홀로 남겨두고
밖으로 나오려니
누군가
내 등을 밀어내고 있습니다.
만원 지하철의 푸시맨처럼.

— 「각서」 일부

수많은 나날을 이렇게 간병하면서 한정민 시인은 〈여보/ 죽지 말고/ 꼭 살아서 퇴원을 하여/ 행복하게/ 웃으면서〉 살자고 환자의 귓가에 속삭입니다. 때로는 눈물을 흘리며 아내를 향하여, 빨리 나아서 남보란 듯이 살자고 큰 소리로 약속을 합니다. 듣고만 있는 아내가 야속하여 소리를 지르지만, 이러한 외침은 아내를 향한 소리라기보다, 아픈 아내를 위하여 아무 것도 해줄 수 없는 자신의 무기력에 대한 분풀이이기도 합니다.

드디어 시인의 아내는 〈불러도/ 흔들어도/ 말을 못〉합니다. 〈두 눈을 감고/ 가쁜 숨만〉 몰아쉽니다. 그리하여 시인은 〈하나님/ 우리 집사람을/ 살려주십시오.〉라고 절절하게 기도합니다. 그렇지만 아내는 〈중환자실 병실에서/ 곁을 아주 떠나려〉 합니다. 그런 아내에게 시인은 〈맹세컨대 살아생전/ 당신만을 사랑했습니다.〉라고 마지막 고백을 합니다. 그 말을 듣고 아내의 영혼만이라도 평안하기를 소망하는 까닭입니다. 이렇게 〈아들하고/ 둘이/ 외롭게〉 아내의 임종을 지킵니다.

당신은 떠났습니다.
아주 먼
하늘나라
하나님 곁으로 갔습니다.

사랑하는 아들 딸
그리고 형제와 나를 두고
머나먼
저승길로 갔습니다.

여보!
이승에서
마지막으로
당신을 소리쳐 불러봅니다.

진실로 고백하건대
살아 생전
당신만을
사랑했습니다.

— 「먼 훗날」 일부

시인은 화장한 아내를 유골함에 담아 임시로 시립 납골당에 안치합니다. 먼 훗날 자신이 숨을 거두면 고향에 있는 종산으로 가지 않고, 자신이 '국가유공자'이기 때문에 대전국립묘지에 안장(安葬)됩니다. 그때 합장(合葬)해 달라고 아들에게 부탁합니다. 집에 돌아와 아내의 물건을 정리합니다. 아내의 옷들이 검은 연기 속에 하나 둘씩 사라져가는 모습을 보다가, 〈함께 손잡고 오를 때 입던/ 빨간 등산복은/

태우지 않고〉 아내의 유품으로 남깁니다.

이후 여러 해가 지나도록 시인은 아내를 잊지 못합니다. 혼자 산행을 하면서도 아내와의 추억을 반추(反芻)합니다. 〈많은 사람들이/ 눈 쌓인 산길을 오르내려도/ 그 속에〉 아내는 없습니다. 산 정상에서 아내를 소리쳐 불러도 대답이 없습니다. 아내를 잊기 위해 남은 가족과 함께 해수욕장에 갔을 때도 〈서러움은 더하고〉 폭죽을 터뜨리고 불꽃놀이를 해도 〈당신이 없는〉 해수욕장은 서럽고 외로움만 더합니다.

시인은 수시로 납골당을 찾습니다. 아들과 둘이 가기도 하고, 혼자 가서 아내를 생각하며 눈물을 흘립니다. 〈겨울이 가고/ 꽃피는 봄이 오면/ 진달래꽃/ 한 아름 꺾어들고〉 다시 찾겠다는 약속을 합니다. 49재를 맞아 〈당신도/ 49재가 지났으니/ 하늘나라에서/ 더 좋은 세상을 만나서/ 잘 살기〉를 바라며 명복을 빕니다. 그럴수록 그리움은 깊어져 〈암환자인/ 당신을 간병하며/ 슬픔을 나누던 병원생활〉이 오히려 좋았었다고 고백합니다.

3. 스스로 극복한 암 투병기(鬪病記)

가슴에 묻을 수밖에 없는 먹먹한 그리움에 시인은 외롭습니다. 이 외로움은 세월까지도 눈물에 젖게 만듭니다. 그리움도 지극하면 병이 된다는 옛말처럼, 아내를 떠나보낸 시인에게도 병(病)이 찾아옵니다. 처음에는 마음의 상처로 인해 식사를 부실하게 하였기 때문으로 생각합니다. 지속적으로 아파오자, 아내가 간 곳으로 따라가려는 순애보(殉愛譜)에 젖기도 합니다.

그러던 어느 날 아침에 소변에 피가 섞여 나와 깜짝 놀랍니다. 처음에는 가벼운 마음으로 소변 검사를 받고, 처방전에 따라 약을 복용하기도 하고, CT촬영을 권하는 의사의 권유까지 가볍게 귓등으로 들으며 오월의 연초록과 동행합니다. 그런데 항생제를 처방받아도 소변에 콩알처럼 선지피가 쏟아져 나옵니다. 모란꽃이 환하게 피는데도 시인의 여름은 흑백사진으로 변합니다. 〈아내가 흘리고 간/어둠의 넝쿨들이/ 사정없이 몸을 휘감는 절망〉으로 혼자 사는 집에 불조차 켜지 않고 두견새처럼 새벽이 될 때까지 웁니다.

원인을 찾지 못한 채 방광 세포검사를 합니다. 그때서야 의사는 방광암이 의심스럽다고 합니다. 아내를 암으로 먼저 보낸 시인은 〈가장 부정하고픈/ 그 단어〉에 절망합니다. 〈아내가 떠나간/ 눈 시린 하늘을 보며/ 곧 만날지 모른다〉는 눈물어린 전갈을 하늘나라로 보냅니다. 비뇨기과 전문의는 '방광암이 진행 중'이라고 합니다. 〈슬픔에 젖어/ 두 볼에 흘러내리는 눈물〉을 감추지 않으면서 수술에 들어갑니다. 곁에 있어야 할 아내는 하늘에 있어, 시인의 외로움은 세상도 눈물빛으로 변하게 합니다.

암 병동은
일반 병동과 따로 삽니다.

거기 사는 사람들은
웃을 일이 적지요.

일반 병동 사람들은
삶의 끝을 모르지만

암 병동 사람들은 대부분
멈출 날을 압니다.

기약할 수 있는 일이
적다는 것은
쓸쓸한 일입니다.

내일을 위해
씨를 뿌릴 수 없다는 것은
더욱 쓸쓸한 일입니다.

마냥 울 수만 없기에
가끔은 미소 짓지만
웃음에서는 찬바람이 삽니다.

—「암 병동」 전문

암은 초기이거나 말기이거나 사람들을 주눅 들게 합니다. 병원의 병동도 일반 병동과 별도로 위치해 있습니다. 일반 병동 환자나 가족들은 완쾌의 희망을 안고 삽니다. 그렇지만 암 병동 환자는 스스로 자신의 생명이 '멈출 날'을 예감하며 걱정합니다. 가족들의 얼굴에서도 웃음기가 사라집니다. 앞날을 기약할 수 없는 세월을 병상에서 보내거나, 입원과 퇴원을 거듭하며 가족을 괴롭히는 것이 암 환자들의 모습입니다. 〈마냥 울 수만 없기에/ 가끔은 미소 짓지만/ 웃음에서는 찬바람이 삽니다.〉라는 깨달음에 이릅니다. 웃음에도 찬바람이 살고 있다는 표현은 암 환자들만이 찾아낼 수 있는 절실한 노래입니다.

암 수술을 마친 후에도 재발 방지를 위해 BCG 약물 요법을 지속합니다. 다른 암보다 생존율이 높다고 하지만, 생과 사로 나누어진 갈림길의 어느 쪽에 자신이 서 있는지 몰라 환자들은 괴롭습니다. 2주에 1번씩 5번을 더 접종하고 확인을 해야 안심이 된다고 합니다. 시인의 〈불투명한 날들이/ 거미줄처럼 끈적거린 약물〉 위에서 파닥이는 날, 창밖의 뻐꾸기 소리가 친구일 뿐입니다. 가끔 방광 내시경으로 상태를 점검해 보지만, 시인은 삶에 대한 막연한 두려움을 안고 삽니다. 의사는 〈시술 상태는 좋지만/ 재발이 많은 병〉임을 강조하며 밝은 마음으로 살라고 당부합니다. 그러나 암은 늘 죽음과 닿아 있어 시인을 슬프게 합니다.

아, 또 한 분이
하얗게 병실을 떠나네요.

오열만 남겨 놓고
저리 떠나네요.

침묵으로 고개 숙이는
의사의 뒤편으로
막막한 어둠이 내립니다.

누구나 한 번은 떠나지만
떠나면 그냥 그뿐입니다.

떠나는 사람을 위해
저 폭설은 멈추지 않겠지요.

가시는 길마다
별빛이 환하기를 소망합니다.

—「별빛이 환하기를」 전문

병원 응급실, 중환자실, 암 병동에서는 가끔 작고하는 분들을 만납니다. 흰 천이 덮인 채로 이동하는 환자 베드를 따르는 가족들의 오열(嗚咽)이 아니어도 눈물을 흘리게 만듭니다. 의사는 그 광경을 보지 않기 위해 말없이 고개를 숙입니다. 그 모습에서 시인은 자신의 미래 를 떠올리며 '막막한 어둠'을 응시합니다. 하얀 베드가 입원실을 떠나는 배경에 〈막막한 어둠이 내립니다〉라는 구절은 한정민 시인만이 찾아낼 수 있는 절창(絕唱)입니다.

그렇지만 시인은 금방 자신을 추스를 줄 압니다. 한 생명이 이승을 떠나거나, 그 가족들이 흐느끼면서 뒤를 따르거나 병시 밖의 폭설은 변함이 없습니다. 인간의 삶은 자연 속에 동화되어야 함을 시에 담아냅니다. 그리하여 〈가시는 길마다/ 별빛이 환하기를 소망〉하는 내면을 승화시킵니다. 슬프지만 슬퍼하지 않는 서정, 즉 애이불비(哀而不悲)의 경지에 이른 오롯한 자세를 확인하게 됩니다. 시인은 쾌유와 건강을 위해 산에 오르고, 퍼블릭코스로 나가 골프채를 휘두

릅니다. 정신적 안정을 위해 시 창작에 매진합니다.

4. 시인이 올리는 소망의 돛

시인은 암을 극복하기 위해 최선을 다합니다. 그러면서 생활의 외로움을 같이 나눌 대상을 찾습니다. 작품 「무심」에서 〈우리 애들은 무심하다〉고 합니다. 〈애비가/ 삶의 반쪽을 잃고 주저앉아 있을 때도// 암 시술을 하고/ 어둠 속에 침잠되어 있을 때도〉 곁에 있어 주지 못하는 자녀들에 대한 서운함을 표출합니다. 사실 직장생활과 육아활동으로 인해 늘 곁에서 간병할 수 없는 처지임을 알지만, 환자는 약간의 서운한 정서도 과대 포장하여 표현하게 마련입니다.

동시에 다른 집 자녀들을 반면교사(反面敎師)로 삼습니다. 〈돈 달라 땅 달라고/ 귀찮게 하는 자식도 많다는데/ 관심 없는 것도 위안으로 삼고〉 살자고 마음을 추스릅니다. 그렇지만 〈불 꺼진 집에 들어가기 싫을 때/ 가끔은 우렁각시처럼/ 집안 말끔히 치워놓고/ 환하게 기다리는/ 딸이 있었으면 좋겠다.〉고 소망합니다. 〈애비가/ 힘든 검사를 하고 왔을 때/ 검사 결과 잘 나왔냐고/ 챙겨주는 아들 하나 있으면 좋겠다.〉고 갈망합니다.

사실은 효자 효녀로 소문난 시인의 자녀들이지만, 감정이 예민하게 작용하는 환자 입장에서 보면 그럴 수 있어 보입니다. 그러나 시인은 바쁘고 힘든 생활 속에서도 아버지를 잘 모실 뿐더러, 경제적으로도 기대지 않고 살아가는 자녀들을 대견해 합니다. 관심이 없다고 말하면서도, 자녀들의 성공에 미소 지을 수 있는 상황 역시 자명(自明)합니다. 그리하여 칠순이 넘은 연치에도 햇살이 환한 아침을 맞습니다.

동녘 하늘에
아침햇살이 떠오릅니다.

암 덩어리를 도려내고
두 해가 지났습니다.

어둡던 의사 얼굴도
재발이 없다며 환해집니다.

시에 미쳐 살다 보니
하루하루가 즐겁고

밝게 웃으며 살다 보니
암도 멀리 달아납니다.

어둡던 내 인생에
아침 햇살이 밝습니다.

—「햇살」 전문

그는 병원을 갈 때가 가장 괴롭다고 고백합니다. 〈마음에 무거운/ 돌덩이 하나 얹혀〉 있는 상태로 치료를 받습니다. 〈남들은 병원에 둘이 가는데/ 혼자 병원에 갈 때마다/ 외로움〉이 더해서 가끔 사는 세상이 지옥과 같다고 묘사합니다. 이럴 때면 아내의 빈자리가 자신도 놀랄 만큼 커 보인다고 울먹입니다.

그리하여 시인은 〈눈물과 한숨으로 덮여 있던 방의/ 검은 커튼〉을 걷어 냅니다. 〈가구마다/ 이끼처럼 배어 있던/ 추억의 작은 조각마저 봉인〉을 합니다. 그제야 시인은 〈나는/ 자유인입니다./ 아내의 그늘에서 벗어나야 합니다./ 날마다 / 나의 뜨락에 시의 꽃을 피우며〉 건강하게 살고자 합니다. 〈고목에 새움이 트듯이/ 나의 가슴속에/ 젊고 튼튼한 새봄〉을 가꾸려는 자세가 살아납니다. 또한 〈내게 허락된 운명이 / 비록 모질다해도/ 오늘도 나는/ 꽃으로 피어나는 연습〉을 하겠다고 다짐합니다.

이런 의지와 자세라면, 시인의 몸에서 살고 있는 암 세포들도 머지않아 사라질 것 같습니다. 재발이 없는 건강한 상태로 백세를 기약하리라 믿습니다. 앞으로도 지속적으로 감동을 생성하는 작품을 창작하여 4시집, 5시집, 나아가 10시집 이상 문학적 지탑(紙塔)을 쌓으리라 기대합니다. 더불어 이 시집을 감상한 암 환우들이 희망의 불씨를 되살리기 바랍니다.

한정민 병상일기

한정민 시집

발 행 일 | 2016년 5월 30일
지 은 이 | 한정민
발 행 인 | 李憲錫
발 행 처 | 오늘의문학사
출판등록 | 제55호(1993년 6월 23일)
주　　소 | 대전광역시 동구 대전로 867번길 52(한밭오피스텔 401호)
전화번호 | (042)624-2980
팩시밀리 | (042)628-2983
홈페이지 | http://www.lito77.co.kr(홈페이지)
전자우편 | hs2980@hanmail.net

공 급 처 | 한국출판협동조합
주문전화 | (070)7119-1752
팩시밀리 | (031)944-8234~6

ISBN 978-89-5669-754-3
값 9,000원